¿Cómo crece?

¿CÓMO CRECEN LAS ZANAHORIAS?

Kathleen Connors

Traducido por Diana Osorio

Gareth Stevens
PUBLISHING

Please visit our website, www.garethstevens.com. For a free color catalog of all our high-quality books, call toll free 1-800-542-2595 or fax 1-877-542-2596.

Library of Congress Cataloging-in-Publication Data
Names: Connors, Kathleen, author.
Title: ¿Cómo crecen las zanahorias? / Kathleen Connors.
Description: New York : Gareth Stevens Publishing, [2022] | Series: ¿Cómo
    Crece? | Includes index.
Identifiers: LCCN 2020011771 | ISBN 9781538268117 (library binding) | ISBN
    9781538268094 (paperback) | ISBN 9781538268100 (6 Pack) | ISBN 9781538268124
    (ebook)
Subjects: LCSH: Carrots–Juvenile literature.
Classification: LCC SB351.C3 C67 2022 | DDC 635/.13–dc23
LC record available at https://lccn.loc.gov/2020011771

First Edition

Published in 2022 by
Gareth Stevens Publishing
111 East 14th Street, Suite 349
New York, NY 10003

Copyright © 2022 Gareth Stevens Publishing

Translator: Diana Osorio
Editor, Spanish: Rossana Zúñiga
Designer: Katelyn E. Reynolds

Photo credits: Cover, p. 1 Bill Sykes/Cultura/Getty Images; p. 5 Kevin Summers/ Photographer's Choice / Getty Images Plus; pp. 7, 24 (seeds) Heike Rau/Shutterstock.com; pp. 9, 24 (soil) Geography Photos/ Universal Images Group via Getty Images; p. 11 Stuart Fox/ Gallo Images / Getty Images Plus; p. 13 PhotoAlto/Laurence Mouton/ PhotoAlto Agency RF Collections/Getty Images; p. 15 Yuji Sakai/ DigitalVision/ Getty Images; p. 17 Victoria ArtWK/ iStock / Getty Images Plus; p. 19 emholk/E+/Getty Images; p. 21 sergio_kumer/ iStock / Getty Images Plus; p. 23 Mallivan/ iStock / Getty Images Plus.

Printed in the United States of America

Some of the images in this book illustrate individuals who are models. The depictions do not imply actual situations or events.

CPSIA compliance information: Batch #CSGS22: For further information contact Gareth Stevens, New York, New York at 1-800-542-2595.

Find us on

Contenido

Las zanahorias tienen
un buen sabor.
¿Cómo crecen?

Crecen a partir de semillas.
¡Las semillas son
pequeñas!

Las semillas se siembran en la tierra.
Crecen muy bien en filas.

Necesitan agua.
Necesitan la luz del sol.

Las hojas salen de la tierra.

La zanahoria es la raíz.
Crece bajo tierra.

15

Las zanahorias empiezan a crecer en la primavera.

Las desenterramos
en el otoño.
¡Esta es la cosecha!

Pueden ser grandes
o pequeñas.

21

Pueden ser naranjas.
¡Pueden ser amarillas!

Palabras que debes aprender

semillas

tierra

Índice